DISCOURS
SUR LA VIE
DE
STE. THERESE

Ecrite par Elle-même,

De la Traduction de M. ARNAULD D'ANDILLY.

Nouvellement Imprimée.

AVIS AU LECTEUR.

CE petit ouvrage a été fait pour servir de preface à la vie de sainte Therese, traduite par feu Mr. d'Andilly. Celuy qui l'a composé souffroit avec peine qu'on abusast du nom de cette fidelle servante de Dieu, si fervente dans la priere & dans les bonnes œuvres, pour donner cours aux illusions grossieres, qu'on a tâché d'introduire de nos jours dans l'Eglise, & qui sont devenuës fameuses par la condamnation juridique qu'on en a fait à Rome, aussi bien que de leur autheur. Ceux qui se donneront la peine de lire ce petit écrit connoîtront aisement, combien sainte Therese étoit éloignée de la pratique d'une

Oraiſon fanatique, qui ne reconnoit point l'eſprit de Dieu pour ſon principe, & qui tend à mettre l'ame dans l'inaction, lors même qu'elle fait une œuvre de Religion qui ne conſiſte que dans ſes differens mouvemens, & dans les efforts qu'elle fait, pour s'élever à Dieu par la penetration de ſon eſprit, & par les deſirs de ſon cœur prevenus & fortifiez de la grace du Mediateur. Il eſt important que le public ſçache que l'eſprit de ſainte Thereſe étoit auſſi droit dans ſes ſentimens, que ſon cœur étoit pur dans ſes affections; & qu'elle n'a rien de commun avec les Quietiſtes, que le ſeul terme de quietude, *qu'elle a donné à une eſpece d'Oraiſon tres-ſainte, & tout à fait oppoſée aux folles imaginations de ces illuminez.*

DISCOURS SUR LA VIE DE STE. THERESE

Ecrite par Elle même.

LA vie de *Sainte Therese*, êtant si singuliere & si admirable, & en même-tems si edifiante & si instructive; On doit sçavoir bongré au Libraire de l'avoir separée du reste de ses œuvres, afin qu'on la pût avoir plus commodement entre les mains, & qu'on ne fût pas obligé d'achêter tout le corps de ses ouvrages pour avoir la consolation de lire celuy-cy, que l'on peut appeller son chef-d'œuvre.

On peut dire que c'est l'histoire fidele de son cœur, & un portrait de son ame peint par Elle-même au naturel & sans aucun déguisement. Ses defauts s'y trouvent aussi bien que ses bonnes qualitez, & ils y servent d'ombres pour relever l'éclat de sa beauté, & pour rendre plus vifs les traits que la grace avoit formez dans cette ame heroïque. Car comme l'obeissance l'a obligée d'y exposer avec simplicité, les dons extraordinaires dont Dieu l'avoit enrichie, son humilité & sa reconnoissance ne luy ont pas permis de dissimuler ses chutes, ses mauvaises inclinations, & les divers égaremens de sa jeunesse, qui l'ont mise plusieurs fois en danger de se perdre & dans le monde & dans la Religion.

C'est ce qui rend cette vie utile à tout le monde: les personnes avancées dans la pieté y pouvant étudier les voyes les plus sublimes de la perfection Chrétienne, & les ames foibles & imparfaites qui commencent à chercher Dieu, & celles mêmes qui n'ont pas encore fait le premier pas pour aller à luy, y trouvant de grands secours pour connoître la misere du peché, & les precipices dont le monde est rempli, & qu'il cache si adroitement à ceux qui l'aiment; & pour concevoir le desir d'une vie Chrétienne, travailler serieusement à l'œuvre de leur conversion, & marcher avec seureté dans la voye du Salut, quand la grace les y aura fait entrer.

Les Peres & les Meres qui negligent l'education de leur enfans, ou qui n'ont pas soin de leur oster de devant les yeux tout ce qui les peut porter au peché, trembleront peut-être quand ils verront dans cette vie, que la Mere de *Therese* qui étoit d'ailleurs fort sage, exposa, sans y penser, cette jeune personne au danger de se perdre, par le seul mauvais exemple qu'elle luy donna de la lecture des Romans. Car ce fut de cette lecture ſi dangereuſe, que prirent naiſſance dans ſon cœur l'amour des ajuſtemens mondains, le deſir de paroitre bienfaite, le ſoin exceſſif de ſes mains & de ſa coëffure, l'attachement aux parfums & aux vanitez du ſiecle, qui l'éloignerent ſi fort de Dieu, quoy qu'elle ſemblât faire tout cela aſſez innocemment.* Car mon „ intention (dit Elle) n'étoit pas „ mauvaiſe, & je n'aurois pas „ voulu être cauſe que quelqu'un „ offençat Dieu pour l'amour de „ moy. Je demeuray cependant „ pluſieurs années dans cette ex„ ceſſive curioſité ſans compren„ dre qu'il y eut du peché; mais

* Vie. Chap. 2.

„je vois bien maintenant qu'il „ est fort grand.

Son Pere qui êtoit fort vertueux, n'eut pas de peine à appercevoir dans la conduite de sa fille le dereglement de son cœur, & il crût que pour y remedier il n'y avoit rien de meilleur que de la mettre en pension dans un Monastere. Elle y entra, elle y conçut le desir d'être Religieuse, & elle en prit en effet l'habit dans un autre Couvent. Mais ce Couvent, qui devoit être pour Elle un azile assuré contre le monde, pensa causer sa perte, parce que la clôture ny êtoit pas gardée: ce qui luy donne occasion de faire cette reflexion qui deveroit reveiller ceux qui sont chargez de faire obſerver la clôture des Maiſons Religieuſes. * Qu'un Monaſtere de Femmes ſans clôture, les met dans un ſi grand peril, que c'eſt plûtoſt le chemin de l'Enfer pour celles qui ſont mauvaiſes, qu'un remede à leur foibleſſe. Ces paroles & celles qu'elle ajoûte dans le même Chapitre, touchant les Monaſteres où il n'y a ni clôture, ni reforme, paroîtront outrées aux Superieurs & aux inferieurs qui ne veulent pas faire leur dévoir. Cependant c'eſt une grande Sainte qui parle, & la plus grande lumiere que Dieu ait donné à l'Egliſe en ſes derniers tems, pour le rétabliſſement de la pieté & de la diſci-

* Chap. 7.

pline des maisons Religieuses; & c'est par sa propre experience qu'elle a connu la necessité du conseil qu'elle donne aux parens de ne pas mettre leur filles dans ces maisons. * Parce qu'elles y
* Chap. 7.
„ courent plus de fortune de se
„ perdre, que dans le monde:
„ car ces sortes de Religieuses,
„ (dit-Elle) étant remplies de son
„ esprit, de sa vanité, & de ses
„ plaisirs, ne comprennent pas
„ les obligations de leur état, &
„ prennent souvent pour vertu
„ ce qui est peché; on ose moins
„ dans ces Monasteres parler de
„ l'amour qu'on doit avoir pour
„ Dieu que des amitiez & des liai-
„ sons que le Diable y fait con-
„ tracter; la jeunesse, la sensua-

„ lité & le Demon y poussent „ celles qu'on y met à faire ce „ qu'on leur avoit voulu faire „ éviter, en leur faisant quitter „ le monde. L'exemple du plus „ grand nombre y rend le mal „ plus agreable & plus autorisé, „ & il est si difficile de ne s'y „ pas tromper, sans une grace „ toute particuliere de Dieu, que „ ces pauvres Filles, loin de s'ap„ percevoir de leur dereglement, „ sont presque persuadées qu'elles „ font bien.

* Cette vie fera encore comprendre aux jeunes filles combien est dangereuse la conversation des personnes mêmes de leur sexe, & de leurs parentes, dont l'esprit est leger & le cœur plein

* Chap. 2.

du monde. Le prejudice que cause une telle compagnie est si grand que la Sainte nous assure qu'elle n'y pouvoit penser sans étonnement, & qu'elle ne l'auroit pû croire si elle ne l'avoit éprouvé elle-même.

Mais quand un mauvais exemple domestique & toûjours present & la compagnie d'une personne mondaine se trouvent soûtenus par un Confesseur relâché, soit par complaisance ou par ignorance ; helas ! enquel danger n'est point une jeune fille, & quel miracle ne faut-il point pour l'en retirer ? C'est pour leur instruction que Dieu à permis que *Sainte Therese* se soit trouvée en cet état, où les Confesseurs ignorans, ou demi-sçavans, luy paroissent si dangereux, & luy ont été à elle-même si prejudiciables, qu'elle ne se peut lasser d'avertir les autres d'éviter un si grand mal. * Ils me conduisoient „ (dit-Elle,) par une voye large, „ ne faisoient passer des pechez „ mortels que pour des pechez „ veniels, ne comptoient pour „ rien les veniels : & j'étois si „ mauvaise que s'ils m'eussent „ traitté avec plus de rigueur, „ je pense que j'en aurois cherché „ d'autres. Elle étoit trompée par ces Directeurs aveugles, & elle en trompoit d'autres, en leur raportant ce qu'elle entendoit dire à ses Confesseurs : & ce fut comme par miracle que Dieu la

* Chap. 5.

retira de leurs mains, & la delivra d'un état auquel elle ne pouvoit depuis penser sans trembler.
* Chap. 5. „ * Mon malheur venoit, (dit-„ Elle,) de ce que je ne coupois „ pas la racine des occasions qui „ donnoient lieu à mes fautes, „ & de ce que je ne tirois presque „ point de secours de mes Con-„ fesseurs. Car s'ils m'eussent „ avertie du peril ou je me trou-„ vois, & m'eussent dit que j'étois „ obligée de renoncer entiere-„ ment à ces dangereuses conver-„ sations, je ne doute point qu'ils „ n'eussent remedié à ce mal.

On peut dire que ces trois choses qui mirent la jeune *Therese* en si grand danger de son salut, sont la cause la plus ordinaire

dinaire de la damnation d'un grand nombre d'ames. Heureuſes celles qui ſont encore en état de profiter de ſon exemple, ſi elles travaillent à éviter les filets que le Demon leur tend d'abord, par les lectures dangereuſes & par les compagnies mondaines, & le piege plus caché d'une fauſſe penitence, où il fait tomber fort ſouvent celles qu'il a ſeduites, en ſe ſervant de la corruption de leur cœur, pour les conduire à des medecins qui flattent leurs playes, au lieu de les guerir.

La vie de nôtre Sainte, qui leur découvre ces trois écuils, leur fait voir auſſi trois moiens de les éviter, dont Dieu ſe ſervit pour ſon ſalut. La lecture des bons livres que la seule complaisance pour un Oncle, l'obligea de faire & d'entendre malgré son inclination contraire, fut le premier remede qui commença de fermer les playes que les livres profanes avoient faites dans son cœur, & elle en reçut un fort grand secours. * Car quoique je n'eusse demeuré, (dit-Elle,) „ que peu de jours auprés de „ mon Oncle, ce que j'y avois „ lû & entendu lire de la parole „ de Dieu, joint à l'avantage de „ converser avec des personnes „ vertueuses, fit une telle impres- „ sion dans mon cœur, qu'elle „ m'ouvrit les yeux pour consi- „ derer ce que j'avois compris „ dés mon enfance, que tout ce

* Chap. 3.

„que nous voyons icy-bas n'eſt „rien, que le monde n'eſt que „vanité, & qu'il paſſe comme „un éclair. Que ſera-ce donc quand une ame qui cherche Dieu lira ſa parole par un vray deſir de l'y trouver, d'y étudier ſes propres devoirs, & d'y apprendre à le ſervir comme il veut être ſervi, c'eſt à dire, en eſprit & en verité, & ſelon les regles de ſon Evangile.

Que ſi à la lecture de la parole de Dieu & d'autres bons livres, qui ſont des Directeurs muets, elle joint le choix d'un Confeſſeur ſage & éclairé, pour recevoir de luy, avec un cœur docile & obeïſſant, les regles de ſa conduite; il eſt preſque impoſſible qu'elle n'avance beaucoup dans la pieté, & qu'elle ne rende solide l'edifice de sa sanctification ; au lieu que si elle se livre à un guide aveugle, interessé, sans experience, c'est un miracle si elle ne s'egare point avec luy, & si elle ne prend pas souvent la voix de la cupidité, qui favorise & autorise l'impenitence & toutes les inclinations corrompues, pour la voix d'une charité sage & condescendante.

Un Directeur tel que desire nôtre Sainte, ne manquera pas de retirer cette ame des entretiens dangereux des compagnies dereglées ; & de la porter au contraire à converser beaucoup avec Dieu, par la priere & par la meditation de ſa loy? Car celuy qui nous a dit que nous ne pouvions rien ſans luy, dans l'affaire de nôtre ſalut; nous a dit auſſi *qu'il faut toûjours prier, & ne ſe laſſer jamais de le faire:* parce que comme c'eſt ſa grace qui opere en nous tout le bien que nous faiſons, c'eſt à une priere humble & perſeverante que la grace ordinaire eſt donnée. Luc 18. v. 1.

C'eſt pourquoy quand Dieu voulut ſur la fin du dernier ſiecle reſſuſciter l'eſprit de la penitence chrétienne, en même-tems qu'il le donna dans un degré eminent à pluſieurs grands Saints, pour le repandre par leur moyen dans l'Egliſe, il mit dans *Sainte Thereſe*, l'eſprit d'Oraiſon d'une maniere excellente, afin qu'elle en fût un modele parfait, & qu'elle en deveint comme une source pour les fideles. En effet la grace de l'Oraison est comme le propre don de nôtre Sainte, & on peut dire que par son exemple, par ses écrits, & par ses enfans elle en a renouvellé l'amour & la pratique dans ce dernier siecle. Ce qu'elle en dit dans sa vie en fait une partie fort considerable, & les leçons qu'elle en donne font voir qu'elle en avoit esté Elle-même instruite par l'Esprit de Dieu.

Quoique tout y soit admirable sur cette matiere, il ne faut pas croire neanmoins que tout soit pour tous. Chacun y doit prendre ce qui est à sa portée & proportionné à la mesure de sa grace : & ce seroit faire un étrange abus de la vie & de la doctrine de nôtre Sainte, que de pretendre s'élever à toutes les manieres d'Oraison qu'elle a pratiquées par une grace & une operation toute singuliere de l'Esprit de Dieu ; & de vouloir passer par tous les degrez d'Oraison de ravissement, d'union & de quietude, dont Elle parle si saintement & si doctement dans ce livre.

Mais ce seroit encore une grāde ignorance, que de confondre ce que cette Sainte y enseigne de *l'Oraison de quietude*, avec la doctrine extravagante & erronée que le saint Siege vient de condamner dans Molinos ce malheureux chef des *Quietistes*; & qui est un poison d'autant plus dangereux, qu'il est couvert du voile d'une fausse spiritualité, qu'on ne peut regarder que comme une source de toutes sortes d'illusions, & d'une corruption honteuse & deplorable.

Il est donc necessaire d'avertir icy les ames simples ou peu instruites de prendre garde à ne pas tomber dans l'une de ces deux erreurs opposées, qui sont, ou de se croire par une fausse humilité trop grands pecheurs ou trop dépourvûs d'intelligence, pour pouvoir aspirer à la grace de faire Oraison, ou de se flatter par une presomption encore plus dangereuſe qu'il leur eſt facile, & à toutes ſortes de perſonnes, de s'élever par elles-mêmes à ce degré ſublime d'Oraiſon que l'on appelle contemplation: d'où il eſt aiſé de tomber dans toutes les autres illuſions ſur cette matiere.

Il n'y a perſonne qui ne ſe doive croire appellé à la priere, & qui ne puiſſe aſpirer en quelque façon à la grace de l'Oraiſon mentale, qui des quatre manieres dont parle nôtre bienheureuſe Maîtreſſe, eſt la ſeule qu'elle recommãde indifferemment à tous ceux qui veulent travailler à leur ſalut. Plus on eſt miſerable plus on a beſoin de penſer à ſa miſere, d'en gemir devant Dieu, d'en deſirer, d'en chercher, & d'en de-

mander les remedes au ſouverain Medecin des ames : & il n'en faut pas d'avantage pour faire une bonne Oraiſon mentale, à laquelle nôtre-Seigneur nous appelle tous, quand il nous dit à
Marc. 13. 33. tous : *Conſiderez, veillez & priez.* Et elle s'apelle mentale, parce que l'eſprit y a plus de part qu'aux autres manieres d'Oraiſon, & qu'il y travaille à recueillir au dedans de luy même ſes penſées, accoûtumées à ſuivre l'egarement des ſens, pour ſe mettre en la preſence de Dieu, & comme ſous les yeux de JESUS-CHRIST, & la s'appliquer à conſiderer ce qu'on a reçû de Dieu, l'uſage qu'on a fait de ſes dons, & la vie que l'on a menée, à mediter la vie & les

miſteres de Jeſus-Chriſt, à étudier la loy de ſon Evangile, à meſurer ſur cette regle divine & inflexible nos mœurs & nos inclinations, le corps de nos actions ordinaires & le fond de nôtre cœur, pour avoir lieu de rendre à Dieu nos dévoirs, de luy demander ſa grace & ſon amour, & de regler nôtre vie ſelon ſa volonté.

Autant que la Sainte nous exhorte à ne quitter jamais par nous-mêmes cette maniere d'Oraiſon ſous quelque pretexte que ce ſoit, autant s'efforce-t-elle de nous perſuader que c'eſt une des plus dangereuſes illuſions où l'on puiſſe tomber, que de ſe vouloir élever ſoy-même à un degré plus haut, & paſſer de ſon mouve-

ment à une maniere plus ſublime d'Oraiſon. * Si pour paſſer outre,
„ (dit-Elle) & chercher ces goûts
„ & ces conſolations que Dieu
„ donne à qui il luy plait, on fait
„ des efforts d'eſprit, on perdra
„ ce qu'on avoit deja, ſans ac-
„ querir ce qu'on pretend. Car
„ ces goûts & ces conſolations
„ étant ſurnaturels, la recherche
„ que l'on en fait par des voyes
„ humaines eſt inutile, & l'en-
„ tendement ceſſant d'agir, l'ame
„ demeure dénuée de tout & dans
„ une extreme ſechereſſe. Nous
„ ne devons donc point, (ajoûte-
„ t'Elle) nous efforcer de ſuſpen-
„ dre nôtre entendement, ni ceſ-
„ ſer de le faire agir, parce que
„ nous demeurerions comme he-

* Chap. 22.

„ betez , ſans pouvoir arriver à „ ce que nous pretendrions d'ob- „ tenir par ce moyen. Et c'eſt une „ reverie de s'imaginer qu'il de- „ pende de nous, de faire agir ou „ de faire ceſſer d'agir, comme „ il nous plaiſt les puiſſances de „ nôtre ame. C'eſt une peine „ tres-mal employée qui laiſſe „ l'ame dans le dégout ; parce „ qu'elle ſe trouve comme un „ homme qui s'étant déja elancé „ pour ſauter, & étant retenu par „ quelqu'un, trouve qu'il a fait „ un effort inutile. Et cette pre- tention ambitieuſe peut même, comme elle dit plus haut, cau- ſer la perte d'une ame qui s'y laiſſe aller.

Qu'auroit donc dit cette grãde

Sainte, si elle avoit vû comme nous le voyons aujourd'huy, des gens qui font un art tout humain de la contemplation la plus divine, qui s'en établissent eux-mêmes les Maîtres, qui y poussent indifferemment toutes sortes de personnes qui pretendent les y élever par des methodes qui sont de pures inventions de leur esprit, & qui par l'esperance vaine & illusoire d'une pretenduë oraison de quietude, les retirent de la pratique solide, & de la voye sure & evangelique de l'Oraison commune, de la meditation de l'Evangile, de la consideration de leurs propres miseres, & des besoins les plus pressans de leur ame, &, ce qu'on ne peut dire ſans horreur, leur ôter la vuë de JESUS-CHRIST, & les détourner de l'application ſalutaire aux myſteres qu'il a accomplis pour nous dans ſa chair.

Cette folle & pernicieuſe ſpiritualité n'a pas eſté inconnuë à *Sainte Thereſe*, * & il y avoit de ſon tems de ces faux contemplatifs, qui ſous pretexte de porter des ames à une plus grande perfection, vouloient qu'elles ne contemplaſſent que la ſeule Divinité, ſans s'arrêter à rien de corporel, non pas même à l'Humanité Sainte du Sauveur : Parce diſoient-ils, que l'Humanité même de JESUS-CHRIST embaraſſe ceux qui ſont déja ſi avancez dans l'Oraiſon, & les em-

* Chap. 22.

peche d'arriver à une Contemplation plus parfaite.

Les erreurs & illusions d'esprit, & les desordres charnels, où ces maximes detestables ont conduit les Auteurs & quelques uns des Sectateurs de cette fausse Contemplation, comme on vient de le découvrir par la vigilance & par les soins du saint Siege Apostolique, suffisent pour nous persuader qu'elle vient de l'esprit de tenebres, qui se transforme si souvent en Ange de lumiere, en s'étudiant à contrefaire les œuvres de Dieu, & les operations de son Esprit, pour perdre les ames par des moyens semblables à ceux que Dieu a instituez pour leur sanctification

tion, & rendre tant qu'il peut ceux-cy inutiles. Car par cette collusion il fait ſouvent prendre le change aux ames qui ne ſont pas ſur leurs gardes, il decrie l'Oraiſon veritable, & la rend ſuſpecte par les abus qu'il y introduit par l'entremiſe de ſes maîtres orgüeilleux & corrompus, qui aprés s'étre laiſſé ſeduire les premiers à ſes artifices, font tomber dans les mêmes pieges des ames ſimples & imparfaites, qui au lieu de ſe tenir humblement aux pieds de JESUS-CHRIST, par une ſincere humilité, unique fondement de la bonne Oraiſon, veulent prendre l'eſſort pour s'élever par elles-mêmes vers le Ciel : ſans conſiderer, pour me servir de la comparaison de nôtre Sainte, que c'est comme si un crapaut enfoncé dans la fange & tout chargé de bouë, entreprenoit de voler & de s'élancer au plus haut de l'air.

Celles qui pourroient tomber entre les mains de semblables Directeurs, doivent donc bien peser les avis si sages qu'elles trouveront dans cette vie contre cette illusion : & prendre garde sur tout, que *l'Oraison de quietude* dont elle parle, est bien differente de celle de nos nouveaux *Quietistes*.

Car I. Ceux-cy en font une science acquise & un ouvrage de l'esprit humain ; au lieu que la Sainte ſoutient que c'eſt un pur don de Dieu qu'on ne peut recevoir que de ſa liberalité, que nulles prieres, nuls travaux, nulles penitences ne nous peuvent faire acquerir, & que Dieu ne donne que par le ſeul motif de ſa bonté.

II. Ces gens-là y portent indifferemment toutes ſortes de perſonnes ; nôtre Sainte nous fait connoître que celle dont elle parle, n'eſt que pour un petit nombre d'ames choiſies que Dieu y appelle, aprés les y avoir diſpoſées par un grand degagement du monde, & par la mortification de leurs ſens & de leurs puiſſances : encore veut-Elle que quand JESUS-CHRIST même les y veut elever, s'en reconnoissant indignes, elles luy disent avec saint Pierre : *Retirez-vous de moy Seigneur ; je ne suis qu'un miserable pecheur.* Car l'edifice de l'Oraison étant fondé sur l'humilité, plus l'ame s'abaisse, plus Dieu l'éleve.

III. Ces contemplatifs font de leur Oraison de quietude un état, où l'on se doit interdire tout usage de l'entendement, & suspendre l'action de toutes les puissances de l'ame ; nôtre Sainte est bien éloignée d'une telle vision.* Car la difference qu'elle met entre l'Oraison mentale & l'Oraison de quietude, consiste en ce que la premiere comprend tout ce qui nous porte à la devo-

*Chap. 12.

tion par le moyen de l'entendement ; conſiderations, raiſonnemens, reflexions étudiées, recherche des veritez, examens des paroles & du ſens de l'Ecriture, &c. au lieu que l'Oraiſon de quietude ſuppoſant ou la ſeule lumiere de la Foy, ou des vuës fort ſimples des choſes de Dieu, de ſes perfections, de ſes myſteres, de ſes veritez, conſiſte principalement dans l'uſage humble & paiſible que l'amour en fait faire à la volonté. La premiere court, pour ainſi dire, aprés ſon objet ; la ſeconde l'a trouvé, le poſſede, s'y attache & s'y repoſe doucement, lors que la volonté attirée par l'eſprit de Dieu, s'applique à l'adorer dans quelqu'une de ses perfections, de ses operations, de ses œuvres, de ses veritez, & à s'humilier & s'aneantir en sa presence, à se penetrer de reconnoissance pour ses bienfaits, d'amour pour luy & pour JESUS-CHRIST, & du desir d'étre à luy plus parfaitement, de se reunir à luy, de se perdre & se consommer en luy, * Nôtre Sainte n'exclut pas même de son Oraison de quietude, l'application de l'ame à ses propres besoins, ou à ceux du prochain. On y peut prier pour l'Eglise, pour les ames du Purgatoire, pour les personnes qui se sont recommandées à nos prieres. On peut s'y servir des paroles de l'Ecriture, y employer quelques

* Ch. 15.

prieres vocales courtes & penetrantes, & propres à exprimer les deſirs & la diſpoſition de nôtre cœur ; Mais Elle veut que tout cela ſe faſſe ſans y employer ni de longues conſiderations, ni de grands raiſonnemens, ni beaucoup de paroles. C'eſt une Oraiſon toute d'attachement & d'amour ; C'eſt la faire du cœur plus que de l'eſprit : C'eſt un ſentiment vif de la preſence de Dieu, & une joye inconcevable de ſe trouver avec luy, & de ſe voir ſi admirablement prevenu de ſa grace & de ſa miſericorde, & un deſir preſſant d'y correſpondre avec une parfaite fidelité.

Quand on eſt, dit-Elle, ainſi en repos en la preſence de la Sagesse Eternelle, le moindre acte d'humilité vaut mieux que toute la science du monde. Ce n'est pas alors le tems de raisonner, mais de reconnoître sincerement ce que nous sommes, & de nous presenter en cet état devant Dieu, qui s'abbaissant jusques à vouloir bien nous souffrir en sa presence, veut que nous entrions de bonne Foy dans la vuë de nôtre neant : à peu prés comme ce pauvre Publicain de l'Evangile, qui abbaissé de cœur devant Dieu, n'osoit ni s'approcher du lieu Saint, ni lever les yeux au Ciel.

Cette maniere de traiter avec Dieu, luy est infiniment plus agreable que toute la rhetorique dont ſe ſert l'entendement. Ecouter alors tout ce que nôtre eſprit nous voudroit dire par ſes raiſonnemens, c'eſt comme jetter ſans diſcretion ſur une etincelle de groſſes bûches qui l'eteignent. * De petites pailles (dit nôtre grande Theologienne) & „ moins encore que des pailles, „ s'il ſe pouvoit, que l'on jet- „ tera avec humilité dans ce feu „ de l'amour de Dieu, l'allume- „ roit beaucoup mieux que ſi „ l'on y mettoit quantité de bois „ par des grands raiſonnemens: Ce qu'elle appelle encore faire un grand bruit dans nôtre ame, troubler ſon repos, & la tirer de cette quietude avec laquelle elle ſe porte & s'unit à Dieu.

* Ch. 15.

IV. Ces ſeducteurs font accroire à leurs diſciples, que tous les objets corporels, ſont un obſtacle à l'Oraiſon de quietude, juſques à leur vouloir oſter de devant les yeux l'Humanité ſacrée de Nôtre Seigneur. Il eſt vray que nôtre Sainte ſe laiſſa entraîner dans cette erreur par la lecture de quelques Auteurs de reputation qui l'enſeignoient: ce qui fait voir quel mal c'eſt de ne pas purger l'Egliſe de ſes ſortes de livres, qui ne ſont bons qu'à ſeduire les ames par cette vaine & orgueilleuſe ſpiritualité, & à les détourner de la pieté veritable, par le faux brillant d'une pieté ſublime, & d'une Oraiſon extraordinaire.

Sainte Thereſe ne demeura pas long-tems dans cette pratique, & Elle s'étonne qu'il luy ſoit entré dans l'eſprit ſeulement une heure, que JESUS-CHRIST luy auroit eſté un obſtacle à ſon avancement dans la pieté, & comme Elle a pû s'éloigner de luy ſous pretexte de le mieux ſervir, & dans la creance de prendre un meilleur chemin.* * Chap. 22.
O Dieu de mon cœur, (dit ce cœur tout ardent de l'amour de ſon Sauveur) JESUS-CHRIST „ crucifié qui étes mon ſouverain „ bien, je ne me ſouviens jamais „ ſans douleur de cette folle ima- „ gination que j'avois alors: par- „ ce que je ne puis la conſiderer „ que comme une grande trahi-

„ſon que je vous faiſois, quoi-
„que ce ne fut que par igno-
„rance.

Elle ne ſe peut laſſer de témoigner ſon indignation contre cette pernicieuſe doctrine, qu'elle traite d'ignorance, de folie, d'aveuglement, d'erreur, de tromperie & d'illuſion inſupportable & incomprehenſible: encore ſe retient-Elle, par humilité & par la conſideration de ſon ſexe, & de quelques uns de ſes Auteurs qui paſſoient pour ſçavans & ſpirituels. Elle leur oppoſe l'exemple de la ſainte Vierge, de l'Apôtre ſaint Paul, de ſaint Bernard, de ſaint François, de ſaint Antoine de Padouë & de ſainte Catherine de Sienne, les plus grands contemplatifs qui aient jamais eſté, & en même-tems les plus attachez aux myſteres de JESUS-CHRIST, & pour ainſi dire, les plus paſſionnez amateurs de ſon Humanité Sainte, qu'on ne doit jamais conſiderer que comme unie au Verbe Divin, qu'ils n'avoient garde de mettre comme font ces nouveaux Quietiſtes, au rang de nos miſerables corps, & des autres choſes crées.

En effet, n'eſt-ce pas marcher en l'air que de marcher ſans Jeſus-Chriſt? N'eſt-ce pas bâtir ſans fondement que de n'élever pas ſur luy l'edifice de la pieté. N'eſt-ce pas par ce divin Sauveur que nous devons pratiquer toutes les vertus ? N'est-ce pas luy qui nous en montre l'exemple, qui en est le parfait modele, qui nous en donne les forces. Non, sans luy nous ne pouvons avoir accés à Dieu son Pere : parce que c'est en luy seul qu'il a mis sa complaisance, en luy seul que nous nous devons presenter à Dieu pour faire Orason : & l'Eglise qui finit toutes ses prieres par JESUS-CHRIST, nous apprend par là que nulle ne peut étre reçûë de Dieu ni exaucée, que par les merites & par l'entremise de Jesus-Christ son Fils.

Que sa sacrée Humanité ne soit donc jamais mise au nombre des choses sensibles dont nous devons nous separer pour nous élever à Dieu, ce qui pourroit même conduire les ames à quitter la devotion envers la ſainte Euchariſtie, & à ſe ſeparer de l'uſage du Sacrement adorable du Corps & du Sang de Nôtre Seigneur JESUS-CHRIST: Car n'eſt-ce pas pour nous élever à Dieu que ſon Fils eſt deſcendu du Ciel, & s'eſt mis au rang des choſes ſenſibles en s'uniſſant perſonnellement à nôtre chair; afin d'être par elle nôtre voye & nôtre lumiere, nôtre nourriture & nôtre vie, comme il le dit luy même; ou comme parle l'Apôtre; pour devenir nôtre ſageſſe, nôtre juſtice, nôtre ſanctification & nôtre redemption.

Estimons-nous heureux, au contraire de l'avoir toûjours devant les yeux de nôtre Foy, de vivre continuellement en sa presence, d'avoir à nos costez un tel amy, qui ne nous abandonne jamais dans les travaux & dans les souffrances, comme font les amis du monde, & d'avoir à combatre contre le monde & le peché dans la priere sous un Chef qui est nôtre unique soûtien, & toute nôtre force.

Enfin ces Docteurs se mettent en possession de regler l'avancement des Ames, & de les tirer comme il leur plait, & quand il leur plait de la vie purgative, selon leur langage, pour les establir dans l'illuminative & dans

dans l'unitive. Et c'eſt ce que nôtre Sainte avoüe franchement qu'elle ne comprend pas, & ce qui en effet eſt une doctrine bien dangereuſe en elle-même, quelque bon ſens qu'on luy puiſſe donner. Car y a t'il un tems en cette vie où une ame, quelque parfaite qu'elle ſoit, n'ait pas beſoin de travailler à ſe purifier? Ne reſte t'il pas toûjours dans les plus éclairées des tenebres à diſſiper par la lumiere de la Charité? Et n'eſt-ce pas tromper miſerablement des ames ſimples, que de leur faire croire qu'elles ne doivent plus penſer à la vie purgative, & de leur oſter, comme on fait dans cette nouvelle Ecole, la vuë de leurs pechez & de leurs imperfections, lors qu'elles ont peut-être plus de besoin de travailler à la mortification de leurs sens & de leur volonté, & à se purifier d'un grand nombre de defauts, & peut-être avant qu'elles aient commencé à expier une vie toute mondaine par de dignes œuvres de penitence.

C'est peut-être trop s'étendre pour une Preface: Mais il a esté bon de prevenir par ces avis les personnes moins éclairées qui liront cette vie, & leur faire faire attention sur les endroits qui doivent servir d'explication à d'autres dont nos faux spirituels abusent, pour tromper les ames & les conduire par des routes qui leur sont inconnuës à l'illusion

& souvent à leur perte.

Je prie la Sainte qui nous a donné de si utiles instructions de nous obtenir la grace d'en profiter, d'attirer sur nous le veritable esprit de la priere & de l'humilité chrétienne, & de détourner de dessus l'Eglise de JESUS-CHRIST, le fleau de cette spiritualité trompeuse, que l'ignorance & l'orgueil y veulent introduire, & qui y a deja produit de si deplorables effets. Et loin de suivre ces conduites nouvelles si contraires à l'esprit de l'Eglise, & à la voye que JESUS-CHRIST nous a apprise dans l'Evangile, si éloignées de la pratique des Saints, si opposées au dessein capitale de la religion chrétienne, qui est de nous faire aller à Dieu par JESUS-CHRIST, persuadons-nous de plus en plus que c'est luy seul qui est nôtre voye, & que nous ne pouvons nous passer de luy pour arriver à la Verité & à la Vie. Soyons enfin assurez avec nôtre Sainte, qu'il n'y a qu'à perdre & rien à gagner par toute autre voye, & qu'un Chrétien ne doit jamais desirer aucun bien s'il ne luy vient par le moyen de ce divin Sauveur, qui est la source de tous les biens.

FIN.

www.ingramcontent.com/pod-product-compliance
Ingram Content Group UK Ltd.
Pitfield, Milton Keynes, MK11 3LW, UK
UKHW021021200726
13857UKWH00004B/1507

9 782013 046763